Inhalt

Krank? - Wenn Stress zur Chefsache wird!

Kernthesen

Beitrag

Fallbeispiele

Weiterführende Literatur

Impressum

Krank? - Wenn Stress zur Chefsache wird!

M.Reiner

Kernthesen

- Stress ist teuer! Aufgrund stressbedingter Fehlzeiten und Krankheiten verzeichnet die europäische Wirtschaft jährlich Einbußen in Millionenhöhe.
- Studien haben ergeben, dass Stressfaktor Nr. 1 oft die Vorgesetzten sind.
- Immer mehr deutsche Unternehmen erkennen: Zeitmanagement, Employee Assistance und Führungskräfteschulungen reduzieren den Stress am Arbeitsplatz und halten die Mitarbeiter fit.

Beitrag

Ob psychologische Betreuung oder Instruktionen für ein besseres Zeitmanagement - stressreduzierende Maßnahmen, die von amerikanischen Unternehmen längst praktiziert werden, entwickeln sich in Deutschland nur allmählich zur Chefsache. Dabei lohnt sich die Investition in die Mitarbeiter. Denn wer dem Stress gewachsen ist, arbeitet effizienter, fühlt sich motivierter und ist seltener krank.

Mehr Arbeit für weniger Leute

Laut einer Studie des New Yorker Center for Work-Life-Policy ist die Zahl der Vielarbeiter und ihr Arbeitspensum extrem angestiegen. Während im Jahr 1970 50 Weltkonzerne im Schnitt 29 Milliarden Dollar Umsatz machten, sind es heute mehr als 120 Milliarden. Die Arbeitszeit der Manager stieg seit Mitte der 90er Jahre um 50 Prozent. (6)

Stress ist teuer

Dieser Zuwachs an Arbeit macht sich bemerkbar. Laut der EU-Komission betragen die jährlichen Kosten für Fehlzeiten und stressbedingte Krankheiten in der Europäischen Union mindestens 20 Millionen

Euro.

Während sich Stress bei Männern vor allem durch ein erhöhtes Herzinfarktrisiko auswirkt, sind Frauen eher psychisch betroffen. (2), (7)

Stress jedes Individuum reagiert anders

Stress kann viele verschiedene Ursachen haben und wirkt sich bei jedem Menschen anders aus. Was für den einen nervenaufreibend ist, ist für den anderen Ansporn. Studien belegen, dass unsere Gene zu 30 Prozent darauf Einfluss haben, wie wir uns bei seelischen Belastungen verhalten. Jeder Einzelne muss deshalb auf seine körperlichen und seelischen Signale hören und nach seinem individuellen Biorhythmus leben, um den Stress abbauen zu können.

Das können Unternehmen und Mitarbeiter tun, um den Stress am Arbeitsplatz zu reduzieren:

Emotional führen

Studien belegen: nicht das Arbeitspensum, sondern die Beziehung zwischen Mitarbeiter und Vorgesetztem ist Stressauslöser Nr. 1. Aus diesem Grund sollten zuerst die Führungskräfte trainiert werden, mit ihrem Stress umzugehen. Im Anschluss ist es notwendig, sie für die Belange anderer zu sensibilisieren. Nur so können sie Stress bei ihren Mitarbeitern erkennen, ihre Bedürfnisse analysieren und stresssenkende Maßnahmen treffen. (1), (2)

Gezielt Entspannen

In Stressseminaren kann man lernen mit Druck umzugehen. Dazu gehören Aspekte wie ein besseres Zeitmanagement, die Wichtigkeit von Ernährung und Sport sowie Entspannungsübungen.

Gesund Leben

Regelmäßige Bewegung hilft, die im Körper aufgebauten Stresshormone Adrenalin und Noradrenalin wieder abzubauen. Betriebssport kann unsportliche Mitarbeiter an den Sport heranführen.

Ein 40minütiges Ausdauertraining pro Woche reicht schon, um den Stress abzubauen. Voraussetzung ist allerdings, dass kein neuer Leistungsdruck durch den Sport an sich entsteht. (1), (2)

Psychologisch beraten Employee Assistance

Einige Unternehmen haben für ihre Mitarbeiter eine Problem-Hotline installiert, über die sie mit unabhängigen Psychologen bei privaten und beruflichen Problemen reden können.

So beim Pharmakonzern Sanofi-Aventis, die seit zwei Jahren ihre Mitarbeiter bei Bedarf rund um die Uhr unterstützen. Während in den USA das sogenannte Employee Assistance weit verbreitet ist, gehört der Pharmakonzern in den Deutschland noch zu Vorreitern. (1)

Flexibel arbeiten

Je flexibler die Arbeitsgestaltung, desto besser kann der Mitarbeiter sich nach seinen individuellen Bedürfnissen organisieren und entsprechend seines

Biorhythmus arbeiten.

Besser organisieren

Wer seine Zeit besser nutzt hat weniger Stress. Zeitmanagement ist das A und O für ein stressfreies Berufsleben: (1), (3), (6)

-Umsichtig Planen: Schreiben Sie alles auf, was Sie an diesem Tag erledigen wollen und veranschlagen Sie für jede Aufgabe die benötigte Zeit.

-Nicht überschätzen: Verplanen Sie nur 60 Prozent ihrer Zeit. Auf das Wesentliche konzentrieren: Fokussieren Sie sich auf ihre Ziele. Ordnen Sie die Arbeiten nach Prioritäten. Starten Sie mit der wichtigsten und unangenehmsten Aufgabe. Widmen Sie sich immer nur einer Aufgabe auf einmal.

-Persönliche Leistungskurve: Erledigen Sie schwierige Aufgaben während ihrer leistungsstärksten Zeit. Nutzen Sie schwächere Phasen für Routinetätigkeiten.

-Pausen machen: Pausen steigern die Produktivität.

-Stille Stunde: Schaffen sie eine feste Denkzeit pro Tag, in der sie ungestört Denken und Arbeiten können, ohne unterbrochen zu werden.

-Delegieren: Überprüfen Sie bei jeder Aufgabe, ob sie jemand anderes erledigen kann.

-Ausgleich schaffen: Sorgen Sie für genügend Schlaf, ausgewogene Ernährung und einen Ausgleich zur Arbeit (Sport, Kultur, Familie)

-Konzentration fördern: z.B. Musik hören oder Auf- und Abgehen.

-Warnsignale beachten: Senken Sie ihr Tempo bei Überlastung. Erledigen Sie einfache Dinge, fragen Sie um Rat.

Fallbeispiele

Was tun Firmen für ihre gestressten Mitarbeiter? Die WirtschaftsWoche hat deutsche Unternehmen unter die Lupe genommen (1):
-Unter großem Druck stehen die Fluglotsen der DSF Deutsche Flugsicherung. Jeder Fehler kann in eine Katastrophe ausarten. Konzentration, Besonnenheit und Souveränität gehören zur Tagesordnung. Aus

diesem Grund stehen den Fluglotsen 80 ausgebildete Berater sogenannte Peers als Gesprächspartner zur Seite. Nicht länger als 30 Minuten dauert ein Gespräch, bei dem der Lotse über Fehler oder Ängste sprechen kann. Ziel ist es, das Vertrauen des Mitarbeiters in sich selbst so schnell wie möglich wieder herzustellen. Dadurch werden die Mitarbeiter schneller wieder leistungsfähig und Flugpläne können eingehalten werden. Das Unternehmen spart hierdurch enorme Kosten, die ansonsten z.B. durch Flugverzögerungen entstehen würden.

-Der Pharmakonzern Sanofi-Aventis richtete vor zwei Jahren eine Anlaufstelle für Mitarbeiter ein, die privat oder beruflich Probleme haben. Externe Psychologen und Psychiater beraten die Mitarbeiter auf streng vertraulicher Basis. Ca. 2 Prozent der Belegschaft nutzen die Einrichtung.

-Die Commerzbank bietet seit Oktober 2006 ihren Mitarbeitern Seminare zum Thema Stressmanagement an. Dort lernen sie den professionellen Umgang mit Zeit- und Leistungsdruck, Prozessoptimierung und das Abschalten nach der Arbeit. Ein großer Teil der Teilnehmer leidet auch zwei Monate nach dem Seminar noch weniger unter Stress als zuvor. Zuvor hat die Bank das Seminar in einem Pilotprojekt getestet.

-Nach einer Selbstmordserie bei dem französischen Automobilhersteller Renault, hat der Konzern Mitte März Aktionen zur Verbesserung der Arbeitsbedingungen vorgestellt. Regelmäßige Abteilungstreffen sollen den Dialog zwischen den Mitarbeitern und dem Management fördern. Außerdem hat das Unternehmen 110 neue Mitarbeiter zur Entlastung der Belegschaft eingestellt.

-Die Firma Accenture schult ihre Führungskräfte im Rahmen eines Trainings zum Thema Stress. Dort lernen sie unter anderem, wie sie selbst mit Stress umgehen, wie sie Stress bei ihren Mitarbeitern erkennen können und wie sie am besten führen, so dass sie nur wenig Stress verursachen.

Einen Survival-Guide für Studierende hat Martin Krengel, Master-Student an der London School of Economics geschrieben. Für 12,90 Euro erfahren wissensbegierige Studenten, wie sie ihre Studienzeit clever organisieren können. Denn so das Fazit von Krengel Ratgeber für Berufstätige lassen sich nicht mit den Strukturen an der Uni vergleichen. (5)

Über den sinnvollen Umgang mit Zwangspausen berichtet Dr. Lothar Seiwert im Interview mit acquisa. So rät der Coach für Zeit- und Selbstmanagement, auf Dienstreisen immer mit Unvorhergesehenem zu rechnen wie z.B. Flugverspätungen oder Stau. Es sollte genug Zeit eingeplant werden, damit solche Vorkommnisse nicht zur Hetze führen. Zwangspausen sollten aber auch als unverhofftes Zeitgeschenk betrachtet werden, anstatt sich über sie zu ärgern. Damit man nicht zur Untätigkeit verdammt ist, rät der Coach kleinere Arbeiten zu erledigen, wie das Lesen von Fachartikeln oder die Aktualisierung des Terminkalenders. Eine Liste soll helfen, für solche Zwischenfälle gewappnet zu sein. (4)

Stress hat viele Gesichter. Was die Auslöser sind und wie man ihn bekämpfen kann, erläutert Micha Täubner anhand von Erfahrungsberichten verschiedener Führungskräfte ausführlich in der Zeitschrift Capital vom 15.3.07 (8)

Eine Umfrage im Auftrag des Manager Magazins unter Führungskräften hat ergeben, dass viele unter ihnen Extremjobber sind, die unter Druck am besten arbeiten können. Extremjobber empfinden Arbeit nicht als Anstrengung, sondern als Privileg. Sie arbeiten selbstbestimmt und teilen sich ihr Pensum frei ein. Auch sind Extremjobber im Durchschnitt körperlich fitter als die durchschnittliche Bevölkerung. Sie leben gesundheitsbewusster und gehen mit Stress besser um. Außerdem sind

Extremjobber erfolgreich: denn wer unter Druck gelassen bleiben kann, agiert geschickt und ist motiviert. Doch Achtung! Die Grenze zwischen Extremjobbern und Workaholics ist dünn. (6)

Analyse des Ist-Zustandes, Zielsetzung, Fristensetzen, Lebensvision, Zeitfresser eliminieren und Motivation: Dr. Gabriele Schäfer erläutert in der Zeitschrift Bilanzbuchhalter und Controller grundlegende Methoden, mit denen Angestellte lernen können, ihre Zeit besser in Griff zu bekommen. (3)

Weiterführende Literatur

(1) Ängste nehmen
aus WirtschaftsWoche NR. 013 VOM 26.03.2007 SEITE 124

(2) Die zehn größten Stressauslöser
aus WirtschaftsWoche online vom 20070320, 06:47:57

(3) Einteilung ist alles!: Zeitmanagement als Lebensaufgabe
aus Bilanzbuchhalter und Controller, Heft 04/2007, S. 109

(4) KURZINTERVIEW "PAUSEN SIND KRAFTQUELLEN"
aus acquisa, Vol. 55, Heft 04/2007, S. 70

(5) Survival Guide "Finde deine Study-Life-Balance"
aus karriere Nr. 02 vom 01.02.2007 Seite 069

(6) Ausweitung der Arbeitszone
aus Manager Magazin, 26.01.2007, Nr. 2, Seite 96

(7) Zeit im Griff Die Strategie zählt
aus Frankfurter Rundschau v. 03.02.2007, S.25

(8) VERFLUCHTER STRESS Was treibt motivierte, leistungsstarke Menschen in die seelische Erschöpfung, was macht sie krank? Alarmierend viele Deutsche stehen unter Dauerstress, brennen aus. Der Druck am Arbeitsplatz fordert seinen Tribut. Wie kann man gegensteuern? \ Vier Führungskräfte erzählen von ihrer Erfahrung mit dem Burn-out. \ Burn-out
aus Capital vom 15.03.2007, Seite 140

Impressum

Krank? - Wenn Stress zur Chefsache wird!

Bibliografische Information der deutschen Nationalbibliothek

Die Deutsche Nationalbibliothek verzeichnet diese Publikation in der deutschen Nationalbibliografie; detaillierte bibliografische Daten sind im Internet über http://dnb.d-nb.de abrufbar.

ISBN: 978-3-7379-0916-7

© 2015 GBI-Genios Deutsche Wirtschaftsdatenbank GmbH, Freischützstraße 96, 81927 München, www.genios.de

Alle Rechte vorbehalten. Dieses Werk ist einschließlich aller seiner Teile – z.B. Texte, Tabellen und Grafiken - urheberrechtlich geschützt. Jede Verwertung außerhalb der Grenzen des Urheberrechtsgesetzes bedarf der vorherigen Zustimmung des Verlags. Dies gilt insbesondere auch für auszugsweise Nachdrucke, fotomechanische Vervielfältigungen (Fotokopie/Mikroskopie), Übersetzungen, Auswertungen durch Datenbanken oder ähnliche Einrichtungen und die Einspeicherung und Verarbeitung in elektronischen Systemen.